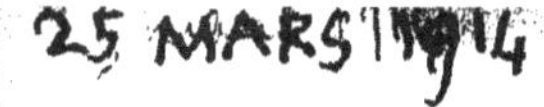
25 MARS 1914

AF564140

VENTE

Du Mercred 25 Mars 1914

HOTEL DROUOT, SALLE N° 10

A 2 HEURES 1/2

OBJETS D'ART

ET

D'AMEUBLEMENT

Porcelaines, Faïences, Argenterie

SIÈGES ET MEUBLES

FAUTEUILS COUVERTS EN TAPISSERIE DU XVIIIe SIÈCLE

COMMISSAIRE-PRISEUR

Me HENRI BAUDOIN

EXPERT

M. ÉDOUARD PAPE

CATALOGUE

DES

Porcelaines et Faïences

ANCIENNES

DES FABRIQUES DE

Chantilly, Chine, Japon, Locré, Mennecy, Saxe, Sèvres, Tournai, Vincennes, etc.
Delft, Les Islettes, Moustiers, Rouen, Strasbourg, etc.

ARGENTERIE ANCIENNE

Objets variés, Pendules, Sculptures

MEUBLES ET SIÈGES ANCIENS

HUIT FAUTEUILS COUVERTS EN TAPISSERIE DU XVIIIe SIÈCLE

DONT LA VENTE AURA LIEU A PARIS

HOTEL DROUOT, SALLE N° 10

LE MERCREDI 25 MARS 1914

A 2 heures 1/2

COMMISSAIRE-PRISEUR
Me HENRI BAUDOIN
10, rue de la Grange-Batelière
PARIS

EXPERT
M. ÉDOUARD PAPE
Expert près le Tribunal civil de la Seine
174, Faubourg-Saint-Honoré

EXPOSITION PUBLIQUE

Le Mardi 24 Mars 1914, de deux heures à six heures

CONDITIONS DE LA VENTE

Elle sera faite au comptant.

Les acquéreurs paieront *dix pour cent* en sus des enchères.

Imprimerie de l'Art. — Ch. Berger, 41, rue de la Victoire, Paris.

DÉSIGNATION

PORCELAINES ANCIENNES

1 — **Chantilly**. Plateau quadrilobé, à décor polychrome de fleurs et insectes.

2 — **Chine**. Écuelle, décor de branchages fleuris en camaïeu bleu.

3 — **Chine**. Écuelle, décor analogue.

4 — **Chine**. Paire de bouteilles, décor de paysages en camaïeu bleu.

5 — **Chine**. Bol et son présentoir, décoré de scènes familiales.

6 — **Chine**. Coupe du même service.

7 — **Frankenthal**. Statuette d'enfant dansant, le poing gauche sur la hanche et, de la main droite, élevant son chapeau.

8 — **Frankenthal**. Statuette d'enfant, coiffé d'un tricorne noir, portant la main à la poignée de son sabre.

9 — **Frankenthal**. Deux statuettes de musiciens, l'un jouant de la contrebasse, l'autre du cor.

10 — **Hœchst**. Salière présentant, sur une terrasse décorée au naturel, un jeune garçon assis entre deux corbeilles, et tenant dans la main droite un oiseau.

11 — **Japon**. Tasse et soucoupe, décor bleu, rouge et or.

12 — **Locré**. Onze assiettes et un saladier, décor de barbeaux.

13 — **Locré**. Soupière et son plateau, décorés de bouquets de fleurs polychromes.

14 — **Lorraine** (?). Statuette en biscuit d'homme tenant un couteau entre ses dents et maîtrisant des deux mains un bélier qu'il va tuer.

15 — **Mennecy**. Vase Médicis, à bouquets de fleurs polychromes.

16 — **Paris**. Petite tasse et sa soucoupe, décor de fleurs polychromes.

17 — **Paris**. Cuvette, de forme ovale, décorée de bouquets de fleurs polychromes.

18 — **Saxe**. Statuette de bergère avec mouton. Porcelaine blanche.

19 — **Saxe**. Chienne bouledogue et son petit, décorés au naturel.

Haut., 18 cent.

20 — **Saxe**. Deux statuettes de jeune garçon et de fillette, se faisant pendants. Celle-ci lève les deux coins de son tablier. Celui-là tient une bouteille de la main droite.

21 — **Saxe**. Deux statuettes de danseurs, l'un tenant une batte, l'autre étendant les deux bras.

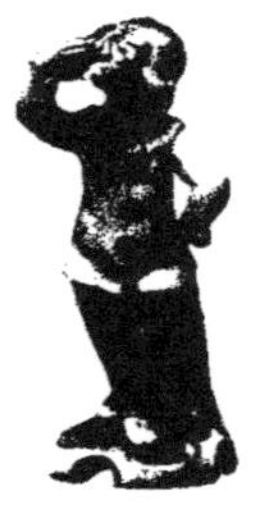

7

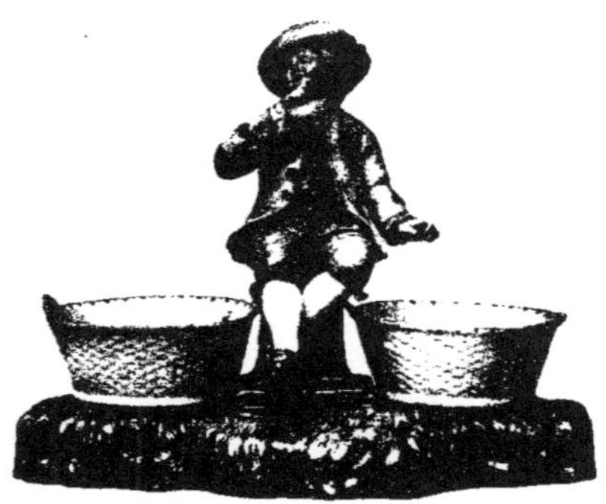

10

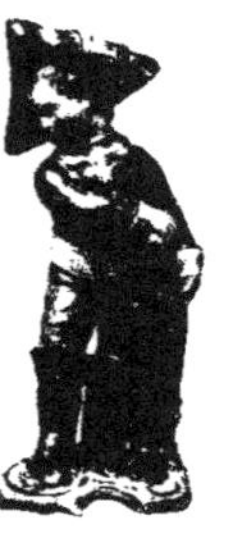

8

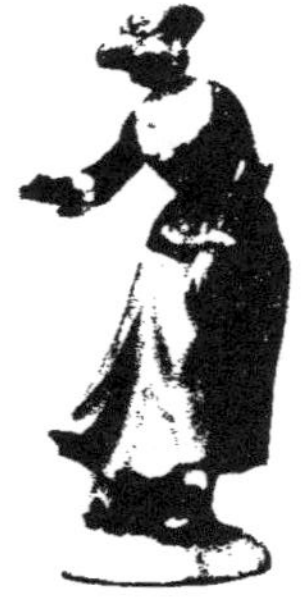

21

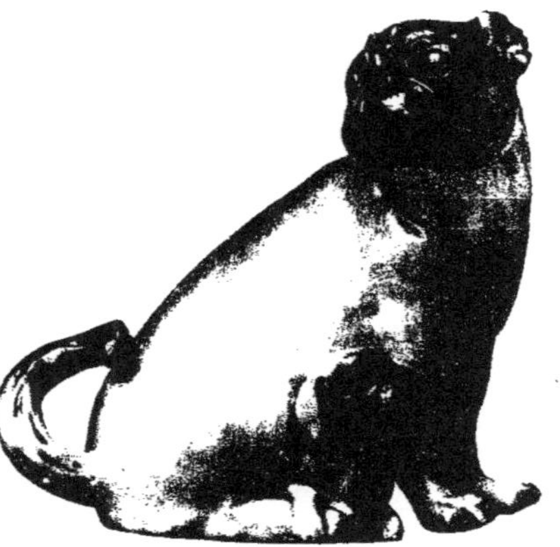

19

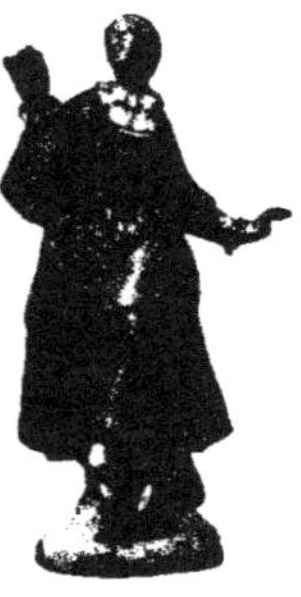

21

HÉLIO LÉON MARCOTTE

22 — **Saxe**. Pichet, décoré de bouquets de fleurs polychromes.

23 — **Saxe**. Trois petits chiens, décorés au naturel, sur une base Louis XV en bronze ciselé et doré.

24 — **Saxe**. Écuelle à bouillon et plateau, décorés de bouquets de fleurs polychromes. Anses à fleurettes et rameaux.

25 — **Saxe**. Statuette d'enfant ailé presque nu, appuyé à un tronc d'arbre.

26 — **Saxe**. Statuette d'enfant nu, ayant une guirlande de fleurs en bandoulière et portant de la main gauche un panier fleuri.

27 — **Saxe**. Statuette de danseur vêtu d'un manteau jaune, tenant son bonnet de la main gauche.

28 — **Saxe**. Statuette de vielleur assis, les jambes croisées, son instrument sur les genoux.

29 — **Sèvres**. Deux plateaux ovales, porcelaine tendre, décor dit à la feuille de chou.

30 — **Sèvres**. Onze assiettes, marli gaufré, en porcelaine tendre, décor de bouquets de fleurs polychromes.

31 — **Sèvres**. Vingt assiettes, marli à vannerie, porcelaine tendre, décor de bouquets de fleurs polychromes.

32 — **Sèvres**. Pot de chambre, porcelaine tendre, décor de bouquets de fleurs polychromes.

33 — **Sèvres**. Quatre compotiers, porcelaine tendre, décor de bouquets de fleurs polychromes.

34 — **Sèvres**. Pot à eau en pâte tendre, décoré de bouquets de fleurs polychromes.

35 — **Sèvres**. Tasse couverte et soucoupe en pâte tendre, à décor de fleurs polychromes.

36 — **Sèvres**. Tasse-trembleuse et soucoupe, décorées de fleurs polychromes.

37 — **Sèvres**. Salière fond bleu, chargée de motifs d'or, offrant des cartouches décorés de fleurs polychromes. Pâte tendre.

38 — **Sèvres**. Écuelle à bouillon et son plateau, offrant sur un fond treillagé des cartouches chargés de vases de fleurs et paysages animés.

39 — **Tournai**. Petit groupe en ancienne pâte tendre blanche émaillée, présentant un berger apercevant une jeune femme endormie et accoudée sur un tronc d'arbre.

40 — **Vincennes**. Coupe, de forme ovale, décorée de bouquets de fleurs polychromes.

41 — **Vincennes**. Tasse et soucoupe, décorées de bouquets de fleurs polychromes.

42 — **Wedgwood**. Paire de petits vases, à décor de fleurs bleu sur blanc.

FAIENCES ANCIENNES

43 — **Delft**. Petit plat, décor camaïeu bleu.

44 — **Delft**. Bol, à réserves de fleurs polychromes.

45 — **Delft**. Pichet, presque entièrement recouvert de motifs décoratifs en camaïeu bleu.

46 — **Delft**. Grande bouteille à renflement au-dessus du col, décor camaïeu bleu.

47 — **Delft**. Plat rond, décoré de rosaces et fruits sur fond de fleurettes polychromes.

48 — **Les Islettes**. Petit plat rond, décor polychrome au Chinois.

49 — **Italie**. Paire de gargoulettes, ornées d'armoiries polychromes que côtoient des amours chevauchant de larges rinceaux.

50 — **Moustiers**. Fontaine et son bassin, décor polychrome : Scène mythologique dans un grand cartouche ovale.

51 — **Moustiers**. Fontaine, décor analogue.

52 — **Rouen**. Saladier, à bords mouvementés, présentant, au marli, des guirlandes, rinceaux et motifs polychromes. Au centre, un panier fleuri.

53 — **Rouen**. Pichet, décoré de fleurs et cannelures polychromes.

54 — **Rouen**. Vase-brûle-parfums, de forme sphérique, décoré de lambrequins, cannelures et motifs de ferronnerie polychromes.

55 — **Rouen**. Saucière, décor camaïeu bleu.

56 — **Rouen**. Hanap, en forme de casque, décor camaïeu bleu.

57 — **Rouen**. Plat rond à bords mouvementés, à la double corne.

58 — **Rouen**. Petit compotier, décor à la corne.

59 — **Rouen**. Plat, présentant, au centre, un panier fleuri polychrome sur un cul-de-lampe.

60 — **Rouen**. Sucrier, de forme obconique, décoré de motifs de ferronnerie en camaïeu bleu. La partie supérieure est en étain.

61 — **Rouen**. Sucrière, forme balustre, décor camaïeu bleu.

62 — **Saint-Omer**. Hanap, en forme de casque, décoré de fleurs en camaïeu manganèse.

63 — **Rouen**. Assiette, décor polychrome au léopard.

64 — **Strasbourg**. Cache-pot, décor de fleurs polychromes.

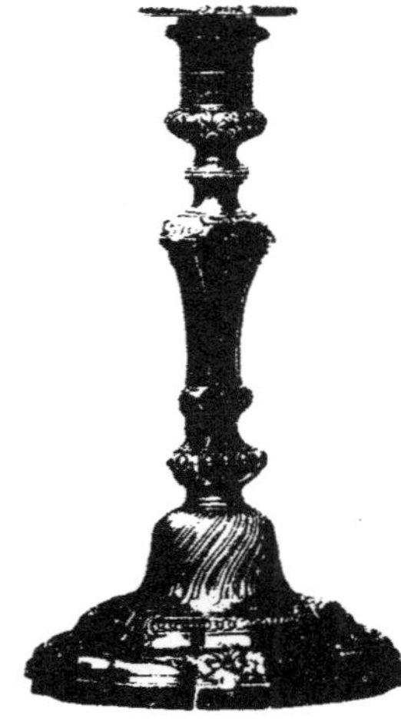

65

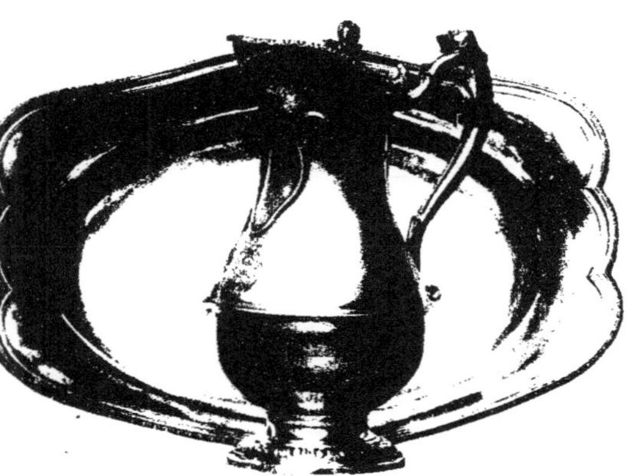

66

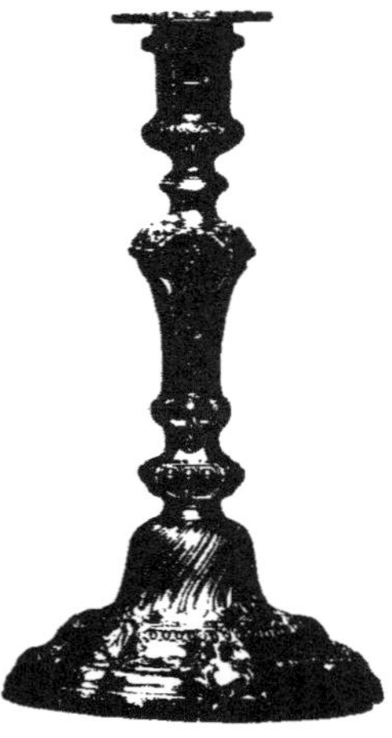

65

LEON MAROTTE

ARGENTERIE ANCIENNE

VIEUX PARIS

65 — Paire de flambeaux en argent, ornés de mascarons, entrelacs, oves et coquilles. Base mouvementée. Époque Régence. Poinçon du fermier *Antoine l'Echaudel.* 2 110.

66 — Aiguière et son bassin en argent. XVIIIe siècle. 8.500.

67 — Paire d'huiliers, avec leurs bouchons, en argent, décorés de rocailles et grappes de raisins. XVIIIe siècle. Poinçon du fermier *Prévost.* 2.510 Guerault

OBJETS VARIÉS

68 — Petit flacon en cristal, avec bouchon en or émaillé. XVIIIe siècle.

69 — Groupe en terre cuite : Lion dévorant une antilope, par FRATIN.

70 — Verre peint, avec inscription en langue allemande.

PENDULES ANCIENNES

71 — Pendule, du modèle dit : l'Amour et l'Amitié, en bronze ciselé doré et marbre blanc. Époque Louis XVI. 2.700. Lacoste

72 — Pendule en bronze ciselé et doré, présentant, à gauche, l'Amour tenant un oiseau et, à droite, une jeune femme pleurant près d'un oiseau mort. Époque Louis XVI. 1.360. Ben Simon

MEUBLES ET SIÈGES

ANCIENS

73 — Petite table à trois tiroirs et entrejambes marquetés de fleurs. XVIIIe siècle.

74 — Harpe en bois sculpté, offrant, à la crosse, des feuilles d'acanthe, des guirlandes de laurier et des imbrications. Époque Louis XVI.

75 — Canapé en acajou, recouvert de tapisserie d'Aubusson de la fin du XVIIIe siècle. Le siège et le dossier présentent un rectangle à fond blanc où sont inscrits deux losanges, offrant, l'un, des amours dans un paysage, l'autre une fable de La Fontaine.

76 — Huit fauteuils en bois sculpté, du temps de Louis XVI, recouverts d'ancienne tapisserie du XVIIIe siècle, présentant, sur un fond clair, des vases fleuris, des rinceaux, couronnes et guirlandes de fleurs dans le goût de Salembier.

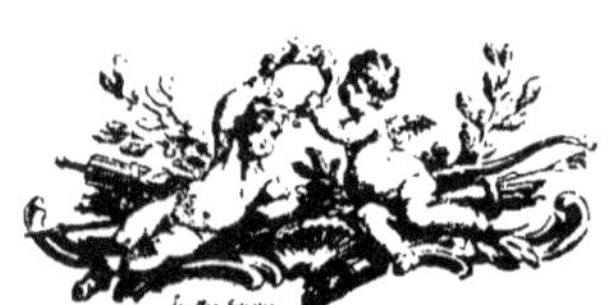

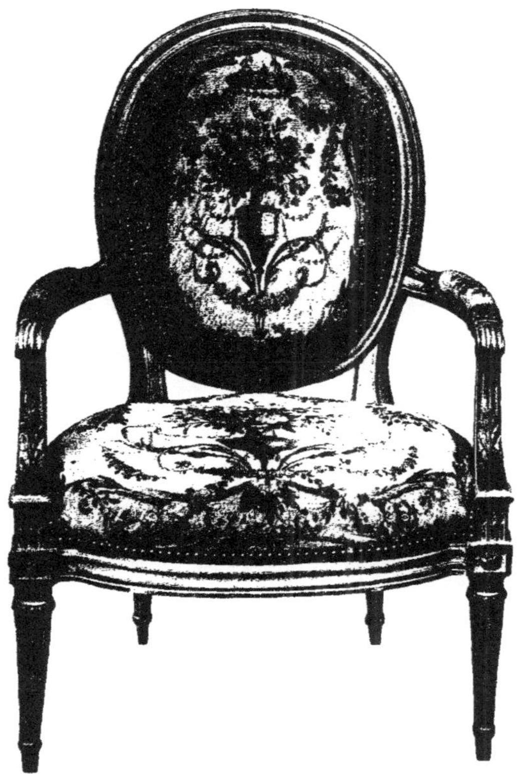

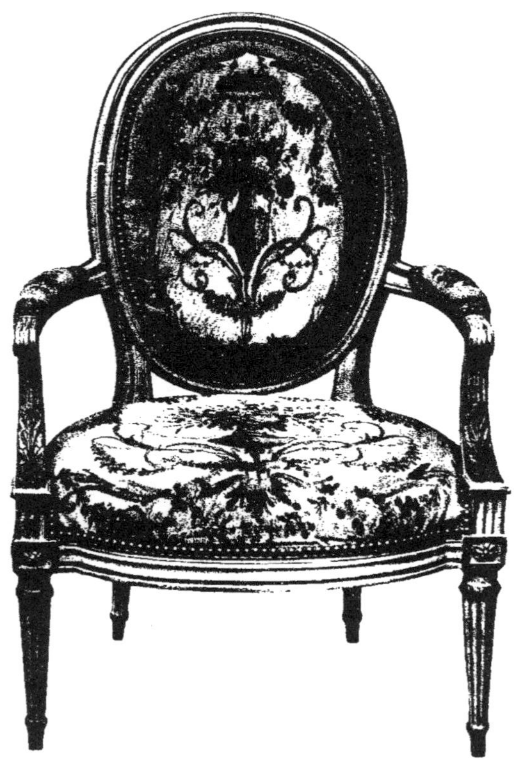

76

HÉLIO LÉON MAROTTE